BEI GRIN MACHT SICH IHR WISSEN BEZAHLT

Begleitung von Übergängen durch die Sozialpädagogik. Eine Fallanalyse

Adelisa Adrovic

Bibliografische Information der Deutschen Nationalbibliothek:

Die Deutsche Nationalbibliothek verzeichnet diese Publikation in der Deutschen Nationalbibliografie; detaillierte bibliografische Daten sind im Internet über http://dnb.d-nb.de abrufbar.

ISBN: 9783346820303
Dieses Buch ist auch als E-Book erhältlich.

Druck und Bindung: Books on Demand GmbH, Norderstedt Germany
Gedruckt auf säurefreiem Papier aus verantwortungsvollen Quellen

Das vorliegende Werk wurde sorgfältig erarbeitet. Dennoch übernehmen Autoren und Verlag für die Richtigkeit von Angaben, Hinweisen, Links und Ratschlägen sowie eventuelle Druckfehler keine Haftung.

Das Buch bei GRIN: https://www.grin.com/document/1287005

Universität Trier

Fachbereich I

Modul X Sozialpädagogik: Sozialpädagogik der Übergänge

Seminar: Übergänge im Kinderschutz

Portfolio

Sozialpädagogik der Übergänge

Vorgelegt von:

ADROVIC Adelisa
Fachsemester: 6. Fachsemester

Abgabedatum: 29.08.2022

INHALTSVERZEICHNIS

1. Einleitung

Übergänge begleiten uns ein Leben lang, sei es in der Kindheit, in der Jugend, im Erwachsenenalter oder im Alter. Jeder Mensch erfährt im Laufe seines Lebens eine Vielzahl von biographischen Transitionen, die mit Veränderungen und sich auf etwas Neues einlassen, verbunden sind. Jeder Mensch reagiert anders auf Übergänge, manche können sich positiv andere negativ auf die individuelle Entwicklung auswirken. Bei negativen oder überforderten Übergängen ist es entscheidend, dass eine gute Vorbereitung sowie Begleitung zur Bewältigung beitragen können. Genau dieses Thema habe ich in meinem Bachelorstudiengang „Erziehungswissenschaft: Sozial- und Organisationspädagogik" in der Vorlesung von Dr. Marc Weinhardt „Sozialpädagogik der Übergänge", die ich im Wintersemester 2021/22 besucht habe, näher kennengelernt. In der Vorlesung wurden Übergänge in verschiedenen Altersebenen thematisiert, wir haben gesehen welche Übergänge in welchen Altersphasen wichtig werden und wie diese bewältigt werden können. Andererseits haben wir uns auch mit dem Thema Beratung, dem Bewältigungsansatz sowie der Biografie beschäftigt. Bevor ich diese Vorlesung besucht habe, habe ich mich mit diesem Thema nicht wirklich im Detail auseinandergesetzt und obwohl wir alle Übergänge erleben, habe ich dies nicht wirklich im Detail verfolgt. Für mich wurden Übergänge leicht gemeistert, jedoch wurde mir beim Besuch der Vorlesung klar, dass ich bei manchen Übergängen, wie z.B. den Übergang in die eigene Wohnung oder in die Selbständigkeit, meine Schwierigkeiten hatte und bei der Bewältigung dieser Übergänge ohne Hilfe nicht weit gekommen wäre. Für die Bearbeitung der ersten Aufgabe in Bezug auf die Vorlesung, habe ich mich für eine Fallkonstituieren nach dem Schema zu sozialpädagogischem Können von Burkhardt Müller entschieden. Ich werde mich im Kapitel 2 mit dem Fall auseinandersetzen, der mir aus meinem Praktikum im SOS Kinderdorf bekannt geworden ist. Außerdem bezieh ich mich im Kapitel 2 auf das Schema professioneller sozialpädagogischer Fallarbeit von Burkhardt Müller.

Im Sommersemester 2022 habe ich, dass mit der Vorlesung verbundene Seminar „Sozialpädagogik der Übergänge – Übergänge im Kinderschutz" besucht, welches von der Dozentin Carmilla Eder-Curelli durchgeführt wurde. In diesem Seminar ging es hauptsächlich, wie der Name schon verrät um Kinderschutz, wir haben uns mit Themen Kinderschutz, Kindeswohl sowie Kindeswohlgefährdung auseinandergesetzt. Da ich mit dem Kinderschutz während meines Praktikums in der stationären Kinder- und

Jugendhilfe oft in Beziehung stand, war ich sehr interessiert an dem Seminar, nicht nur um mehr übers Thema dazuzulernen, sondern weil es für mich ein sehr wichtiges Thema ist, da ich nach meinem Abschluss gerne im Bereich der stationären Kinder- und Jugendhilfe arbeiten möchte. Für die Bearbeitung der zweiten Aufgabe werde ich mich im Kapitel 3 mit der Reflexion des eigenen Lernprozesses während dem Besuch des Seminars auseinandersetzen.

Im Kapitel 4 geht es dann hauptsächlich, um die vollständige Reflexion des Portfolios. Hier werde ich werde ich meine Arbeit zusammenfassen, reflektieren und evaluieren. Anschließend befindet sich im Kapitel 5 das Literaturverzeichnis.

2. Aufgabe VL

In diesem Kapitel befindet sich die erste Aufgabe im Rahmen der Vorlesung „Sozialpädagogik der Übergänge" bei Dr. Marc Weinhardt. Für diese Aufgabe habe ich mich für eine Fallbeschreibung entschieden, die ich nach dem Schema zu sozialpädagogischem Können Burkhardt Müller analysieren werde. Der Fall wird im Unterkapitel 2.1 konstituiert und im Unterkapitel 2.2 stelle ich die Fallarbeit nach Burkhard Müller vor. Anschließend befindet sich im Unterkapitel 2.3 die Analyse des beschriebenen Falls nach Müller.

2.1 Einen Fall unter der Übergangsperspektive konstituieren

Übergang von der stationären Kinder- und Jugendhilfe zur Selbständigkeit

In diesem Fallbeispiel geht es um ein Mädchen namens J   die seit ihrem 8 Lebensjahr in der stationären Kinder- und Jugendhilfe im SOS Kinderdorf wohnt. Sie ist mittlerweile 18 Jahre alt und wohnt zurzeit in einer Wohngruppe im Kinderdorf. J   macht zurzeit eine Ausbildung als Friseurin. Mit ihren Eltern hat sie eher ein schwieriges Verhältnis, da ihre Eltern geschieden sind und neue Partner haben, mit denen sie eine neue Familie gegründet haben. J   kam in die stationäre Kinder- und Jugendhilfe, da ihre Eltern sie vernachlässigt haben und sich nicht richtig um ihre Tochter kümmern konnten. Sie wuchs in einer Familie auf, wo Gewalt und Streit zur Normalität geworden sind.

Die Eltern entschieden gemeinsam mit dem Jugendamt, dass J   in eine stationäre Wohngruppe am besten platziert wäre. Mit 8 Jahren kam sie dann ins Kinderdorf und lebte dort mit anderen Kindern in einer therapeutischen Wohngruppe.

J   war schon immer eine eher schüchterne Person, während ihrer Zeit im Kinderdorf hat sie sich kaum Freunde gemacht. Sie fühlt sich in der Wohngruppe nicht wirklich wohl, da sie sich viel reifer fühlt als die anderen Jugendlichen. Mit den Betreuern der Wohngruppe hat sie ein gutes Verhältnis, jedoch verbringt sie ihre Tage gerne allein. Bis zu diesem Zeitpunkt hat J   nicht viel Kontakt zu ihren Eltern oder Halbgeschwistern, da sie diese sehr selten sieht. Ihre Mutter hat mittlerweile 3 Kinder mit ihrem neuen Partner und hat sehr wenig Zeit und Kontakt mit J   . Ihr Vater kam sie einmal im Monat besuchen, jedoch änderte sich dies mit der Zeit, da ihr Vater mit seiner Frau und 2 Kindern weit weggezogen ist.

Während ihrer Ausbildung als Friseurin hat J   ihren Freund A   kennengelernt. Sie verbringt jeden Tag mit ihm zusammen und kommt öfters spät in die Wohngruppe zurück. Die Betreuer*innen der Gruppe sind nicht sehr erfreut, dass J   die Regeln der Gruppe oft vernachlässigt und sich nicht an die Strukturen hält.

J   will unbedingt aus der Wohngruppe ausziehen, da sie sich nach einer eigenen Wohnung mit ihrem Freund A   sehnt. Sie will nicht mehr nach den Regeln und Strukturen der Wohngruppe leben, sondern endlich machen was sie will. J   fühlt sich mit ihren 18 Jahren bereit einen neuen Schritt zu wagen und endlich erwachsen zu werden. Sie wendet sich ans Jugendamt und möchte nun aus der Wohngruppe ausziehen und mit A   gemeinsam wohnen. Die Betreuer*innen der Wohngruppe finden, dass J   noch nicht reif genug ist, um auszuziehen. Sie soll sich diese Entscheidung nochmal durch den Kopf gehen lassen, jedoch lässt sie nicht locker und entscheidet am nächsten Morgen auszuziehen.

J   und ihr Freund verdienen zusammen nicht viel Geld, da die beiden noch in der Ausbildung sind, sie als Friseurin, er als Mechaniker. Außerdem haben sie nicht viele soziale Kontakte, die ihnen helfen könnten. A   hat mit seinen Eltern eine schwierige Beziehung, während J   keine Beziehung zu ihren Eltern hat. Die beiden mieten eine kleine Wohnung, die weder genug Platz für beide noch die passenden Möbel hat. Beide streiten sich nach Einzug in die neue Wohnung regelmäßig, sodass sie sich nach einer Weile trennen. A   geht nach der Trennung zu seinen Eltern, wo er eine Zeit lang versorgt wird. Währenddessen ist J   auf sich allein gestellt. Sie möchte auf keinen Fall in die Wohngruppe zurückkehren, da sie sich endlich ihr Leben als Erwachsene wünscht, doch sie weiß nicht wirklich was sie nun tun soll. Nach einem informativen Gespräch mit einer früheren Betreuerin ihrer Wohngruppe im Kinderdorf, wendet sich J   ans Jugendamt, wo sie über weitere Möglichkeiten und Unterstützungen informiert wird.

2.2 Multiperspektive Fallarbeit nach Burkhardt Müller

Für die Darstellung und Analyse des oben beschriebenen Falls, werde ich auf die sozialpädagogische Heuristik von Burkhard Müller zurückgreifen. Bevor ich mich der Analyse des Fallbeispiels zuwende, möchte ich vorerst kurz klären, was man unter der sozialpädagogischen Fallarbeit nach Burkhardt Müller verstehen kann und somit auch den Prozess professioneller Fallarbeit präzisieren.

Bei der multiperspektivischen Fallarbeit gibt es ein bewusstes Perspektivwechsel zwischen verschiedenen Bezugsrahmen im sozialpädagogischen Handeln (Müller 2017, S. 21). Bei der sozialpädagogischen Fallarbeit beschränkt man sich nicht, wie bei der klassischen sozialen Einzelhilfe auf die Beziehungsarbeit zwischen Berater und Adressat, sondern versucht, möglichst unterschiedliche Betrachtungsperspektiven zu berücksichtigen. Ziel dieser Fallarbeit ist es, durch systematische Analyse und fallbezogene Bearbeitung der Ebenen und Dimensionen sozialpädagogischen Handelns, Transparenz in die Komplexität sozialpädagogischen Handelns zu bringen. Zur Aufklärung eines solchen Falles, benötigen Sozialpädagogen*innen ein gewisses „Können", sie benötigen ein gewisses Fachwissen (vgl. 2017, S.40). Mit Fachwissen können die Sozialpädagogen*innen zwar die Geschichte verstehen, jedoch müssen sie für die Lösung des Falles die drei Dimensionen nach Müller beantworten. Müller hat für die Bearbeitung sozialpädagogischer Fälle drei unterschiedliche Ebenen definiert, auf denen Sozialpädagogen*innen Fälle bearbeiten können sowie sich ihnen nähern können. Diese Dimensionen bezeichnete er als „Fall von", „Fall für" und „Fall mit" (vgl. 2017, S.48).

Beim Prozess der professionellen Fallarbeit handelt es sich um das bekannteste Schema professionellen Handelns. Die professionelle Fallarbeit nach Müller ist in ein vier Phasenmodell kategorisiert. Hier wird das Handeln in Anamnese, Diagnose, Intervention und Evaluation eingeteilt (vgl. 2017, 71). Müllers Prozess der professionellen Fallarbeit ist als zirkulärer Prozess zu denken, die einzelnen Schritte durchdringen sich und können immer wieder von neuem beginnen.

Dieser Prozess fängt mit der *Anamnese* an. Bei der Anamnese geht es hauptsächlich um die Wiedergabe der Vorgeschichte des zu geltenden Falles. Hier geht es darum, Vorinformationen einzusammeln und dabei intensiv mit Nichtwissen umzugehen. Die Sozialpädagogen*innen sollten Erkanntes hinterfragen und neue Perspektiven einnehmen. Nach Müller hat die Anamnese eine doppelte Funktion, einerseits die Klärung, was für den Gegenstand zentral ist, andererseits soll eine zu rasche und begrenzte Auswahl an Informationen verhindert werden, um so den Blick für andere Optionen offen zu halten (vgl. 2017, S.77).

Der nächste Schritt, ist die *Diagnose*. Bei der Diagnose geht es hauptsächlich um die Beantwortung der Fragen, wer welches Problem hat und was eigentlich das Problem ist. Nach Müller ist die Diagnose ein Suchprozess, der Aspekte auseinanderlegt, sortiert und gewichtet sowie den Sachverhalt erklärt beziehungsweise durchdringt (vgl. 2017, S.74). Zusammenfassend kann man sagen, dass die Diagnose detaillierter auf die Definition des Problems eingeht und die Auslöser analysiert. Nach Müller helfen Diagnosen, in komplexen und unvorhersehbaren Arbeitssituationen klare Lösungen zu finden (vgl. 2017, S.79).

Im Anschluss daran, folgt somit die *Intervention*. Intervention bedeutet so viel wie „dazwischen-kommen" (vgl. 2017, S.75). Diese Phase wird als vermittelnder Gegenstand zwischen einer Person und ihrem Problem verstanden. Gemeinsam diskutierte Änderungswünsche und Ideen werden durch sozialpädagogische Maßnahmen aktiviert. Intervention ist nicht die einzige Form der praktischen Einmischung, da auch durch Anamnese und Diagnose schon sozialpädagogisch interveniert wird. Während jedoch viele verschiedene Standpunkte koexistieren, geht es bei der Intervention darum, Entscheidungen zu treffen, für die ein möglichst gemeinsames Handeln zugrunde liegen sollte. Müller unterscheidet drei Arten sozialpädagogischer Interventionsmaßnahmen „Eingriff, Angebot und gemeinsames Handeln" (vgl. 2017, S. 150). Das Eingreifen kann in manchen Fällen notwendig sein, jedenfalls wird es über Ausübung der Macht ausgeführt. Infolgedessen muss sich diese Interventionsmaßnahme an strengen Kriterien messen lassen, sie darf die vorhandenen Potentiale selbstbestimmten Handelns der Adressaten*Innen nicht zerstören sowie längeres Eingriffen in ein gemeinsames Handeln umwandeln (vgl. 2017, S. 153). Angebote hingegen geben dem Klienten*Innen Entscheidungsfreiheit, hier werden Möglichkeiten der Hilfe angeboten. Bei der

Intervention als gemeinsames Handeln geht es kurz gesagt darum, gemeinsame Handlungsschritte mit dem Klienten*Innen zu entwickeln.

Zu guter Letzt und zur Abschließung des professionellen Hilfeprozesses folgt die *Evaluation*. In dieser Arbeitsphase geht es vor allem darum, zu prüfen, wie angemessen und wirksam die Entscheidungen der Fachkräfte sind. Neben der Überprüfung soll hier auch die Selbstkontrolle einsatzbereit gemacht werden. Müller differenziert zwischen „externer Evaluation" und „Selbstevaluation" (vgl. 2017, S. 76). Eine Evaluation von außen ist nichts anderes als eine Kontrolle durch eine externe Instanz. Dahingegen wird Selbstevaluation als die Beschreibung und Bewertung von Auszügen des eigenen beruflichen Handelns und seiner Folgen definiert. Die Eigenevaluation erfordert Dokumentation in Form von Berichten und Handlungsabläufen sowie den Austausch in Teamsitzungen mit anderen Fachkräften. Nichtsdestotrotz bedeutet Evaluation in der Fallarbeit nicht nur, Arbeitsabläufe klar zu machen, sondern sie soll vor allem Wertmaßstäbe, die zur Orientierung helfen, klären (vgl. 2017, S.180).

2.3 Darstellung und Analyse des Falls nach der Heuristik von Burkhard Müller

In diesem Kapitel analysiere und stelle ich den Fall nach dem Prozess professioneller Fallarbeit nach Müller dar. Hier werde ich mich auf die Perspektive der sozialpädagogischen Fachkraft im Jugendamt einstellen. Bevor ich mich mit der Darstellung und Analyse des Falls gewidmet habe, habe ich das „Schema 2: Matrix für die Fallarbeit" von Müller ausgefüllt, da es für mich sehr hilfreich war (vgl. Müller 2017, S. 83). Man könnte bei diesem Fall sagen, dass es um einen Fall von Hilfe für junge Volljährige nach § 41 SGB VIII, als Fall für Hilfe für die Persönlichkeitsentwicklung sowie Hilfe zur eigenverantwortlichen Lebensgestaltung und als Fall mit der Adressatin J   geht.

Anamnese: Auf dieser Ebene geht es wie schon erwähnt, um einen ersten Zugang zum Fallverstehen, es geht um die Sammlung von Vorabinformationen. Das Erstgespräch im Jugendamt findet ausschließlich nur mit der 18-Jährigen J   statt. Auf dieser Ebene geht es vor allem, um das Fragen nach der Lebensgeschichte sowie der aktuellen Situation der Adressatin. Hier müsste ich als Sozialpädagogin die Situation aus eigener Perspektive betrachten und beurteilen, jedoch sollte mein Blick zu anderen Optionen offengehalten werden. Die Fachkraft des Jugendamts sollte vorsichtig mit den Informationen umgehen und auch Hintergründe beachten, die vielleicht nicht sofort von der Adressatin erwähnt werden. Hier geht es nicht nur darum, J   Probleme aufzudecken, sondern auch vorhandene Unterstützungspotenziale sowie Möglichkeiten zur Entwicklung aufzuspüren.

Diagnose: Im Zusammenhang mit J   Fall müsste hier geklärt werden, was das Problem ihrer Situation ist. Hier können wir klar erkennen, dass J   Schwierigkeiten bei der Gestaltung ihres eigenverantwortlichen Lebens hat und sie mittlerweile ohne Hilfe nicht zurechtkommt. Die Sozialpädagogin möchte durch diesen Schritt beantworten können, welche Art der Hilfe und welche Möglichkeiten für J   empfehlenswert sein könnten. Um diese Möglichkeiten mit J   gemeinsam zu diskutieren und eine „Lösung" zu finden, brauch die Sozialpädagogin mit ihrer Adressatin weit aus mehr als nur einen Termin. Bei der Diagnose ist es wichtig, dass die Adressatin ihre Meinung und Wünsche äußert. Nichtsdestotrotz ist die Sozialpädagogin hier zuständig die „notwendige" Hilfe auszusuchen, um die Wirkung und Qualität ihres Angebotes zu sichern (Müller 2017, S.95).

Intervention: In J   Situation können wir feststellen, dass die Intervention auf freiwilliger Basis geschieht, da sie selbst entschieden hat zum Jugendamt zu gehen und sich Hilfe zu holen. Hier sollte eine Entscheidung getroffen werden, die vor allem auf Übereinstimmung basieren sollte. Die Sozialpädagogin sollte sich hier auf die Intervention in Form von Angebot konzentrieren und sich die Frage stellen „Wie kann gemeinsam gehandelt werden?". Da J   nicht mehr in ihre frühere Wohngruppe zurückkehren möchte, müssen hier Angebote vorgeschlagen werden, die ihr zur Selbständigkeit verhelfen könnten. Hier könnte ein Angebot z.B. Recht auf Nachbetreuung nach § 41a SGB VIII sein. J   hat ein Recht auf Unterstützung durch eine vertraute Ansprechperson, die sie bei ihrem Weg in ein eigenständiges Leben assistiert.

Evaluation: In dieser letzten Phase, geht es vor allem darum, die Hilfen bzs. Angebote zu prüfen sowie eine gemeinsame Auswertung mit den beteiligten Einrichtungen. Hier ist zunächst auch wichtig, zu wissen, wie J   den Verlauf der Hilfe bewertet. Dabei wird überprüft, ob der Prozess nach den Wünschen von J   geschieht. Interessant wäre hier zu wissen, wie J   die Begleitung durch die vertraute Ansprechperson beurteilt. Hinzuzufügen wäre ein Austausch mit der Ansprechperson sehr hilfreich, um zu erfahren, ob sich das Angebot für J   als hilfreich empfinden lässt.

3. Aufgabe Seminar

In diesem Kapitel befindet sich die zweite Aufgabe des Portfolios. In dieser Aufgabe geht es, um die Reflexion des eigenen Lernprozesses, während des Seminars „Sozialpädagogik der Übergänge – Übergänge im Kinderschutz" bei der Dozentin Eder-Curelli Carmilla. Dieses Seminar gehört zu der Vorlesung „Sozialpädagogik der Übergänge", die ich bei Dr. Weinhardt im Wintersemester 2021/22 besucht hatte.

3.1 Reflexion des eigenen Lernprozesses

Zuallererst möchte ich, bevor wir zur eigentlichen Aufgabe übergehen, klarstellen, wieso ich mich für dieses Seminar entschieden habe. Vor diesem Seminar habe ich mich öfters mit dem Thema des Kinderschutzes auseinandergesetzt, da ich meinen Praktikumsplatz in der stationären Kinder- und Jugendhilfe im SOS-Kinderdorf in   gemacht habe. Dadurch, dass sich der SOS-Kinderdorfverein mit seiner Tätigkeit für den Schutz und die Rechte von Kindern einsetzt, gilt hier das Kinderrecht als oberste Priorität. Das Praktikum hat mir geholfen, mich intensiver mit dem Kinderschutz zu beschäftigen, da ich dort die Vorgeschichte der Kinder kennenlernen durfte und dazu erfahren durfte, wieso die Kinder in der Einrichtung untergebrach wurden. Neben diesem Aspekt durfte ich auch kennenlernen, wie die pädagogischen Fachkräfte beim Verdacht von Kindeswohlgefährdung umgehen und wie sie diese einschätzen.

Vor Beginn des Seminars, hatte ich als primäres Ziel, mein Wissen zum Thema Übergange im Kinderschutz zu erweitern sowie mich intensiver mit dem Thema auseinanderzusetzen. Während meiner Zeit an der Uni, wurde ich immer wieder mit dieser Themenstellung konfrontiert und wie auch schon erwähnt, auch in meinem Praktikum in der stationären Kinder- und Jugendhilfe. In der Vorlesung „Rechts-, Organisations- und Finanzierungsstrukturen der Sozialpädagogik" von Frau Bollig, kam ich zum ersten Mal mit dem Kinderschutz in Kontakt. Dort haben wir uns mit dem Kinderschutz öfters auseinandergesetzt und die gesetzlichen Grundlagen in Bezug auf diesen kennengelernt. Des Weiteren haben wir gelernt, wie das gesetzlich festgelegte Verfahren zur Erfüllung des Schutzauftrags aussieht und wie pädagogische Fachkräfte Gefahren erkennen, bewerten und zudem, wie sie in solchen Situationen handeln.

Das Seminar ermöglichte mir, mich intensiver und vollständiger mit den Übergängen im Kinderschutz, sowie generell mit dem Kinderschutz, dem Kindeswohl und der Kindeswohlgefährdung auseinanderzusetzen. Insgesamt war das Seminar eine

Erneuerung und zudem auch eine Erweiterung meiner Kenntnisse rund um das Thema „Übergänge im Kinderschutz". Des Weiteren empfand ich die Dozentin als sehr kompetent, sie hat das Seminar sehr interessant und aktiv gestaltet. Außerdem hat sie sich bei Fragen sehr viel Zeit mit den Schüler*innen gelassen, die Aufgaben genau erklärt und bei Schwierigkeiten ausgeholfen. Mir gefiel besonders gut, dass wir öfters in Gruppen gearbeitet haben und viele Vorträge vorzubereiten und zu präsentieren hatten. Dies nutzte mir vor allem beim Stärken meines Selbstbewusstseins, da ich nicht oft vor anderen Schüler*innen Vorträge hielt und mich dies eher oft verunsicherte. Ein weiterer Aspekt, der mir positiv aufgefallen ist, waren die Reflexionszettel, die wir am Ende jedes Seminars auszufüllen hatten. Zu diesem Zeitpunkt, empfinde ich die Reflexionszettel als eine sehr große Hilfe, die mir beim Verfassen dieses Portfolios viel weiterhelfen, da ich mich dadurch besser an die einzelnen Seminare und ihre Thematik wiedererinnern kann.

Bevor wir zur eigentlichen Thematik des Seminars hinübergegangen sind, mussten wir eine Gruppenarbeit machen, wo wir entweder einen Fall unter der Übergangsperspektive konstituieren oder die Inhalte aus der Vorlesung „Sozialpädagogik der Übergänge" zusammenfassen. Meine Gruppe hat sich für die Zusammenfassung der Inhalte der Vorlesung entschieden. Wir waren zu fünf in der Gruppe und haben uns somit die Themen, die wir in der Vorlesung hatten, unterteilt. Ich hatte mich mit dem Übergang im Erwachsenenalter auseinandergesetzt und hatte als Aufgabe, die Folien sowie die Literatur dazu zusammenzufassen und stichwortartig aufzuschreiben. Diese Aufgabe ergab sich als sehr hilfreich für mich, da ich mich wieder mit den Themen in der Vorlesung auseinandersetzen konnte und dadurch mein Wissen auffrischen konnte. Was mir vor allem gefallen hat, war die gute Kommunikation und Zusammenarbeit in unserer Gruppe. Wir haben uns bei Fragen oder Problemen weitergeholfen und unsere Arbeit gerecht aufgeteilt, so dass jeder an der Aufgabe gleich beitragen konnte.

Welche Rolle der Kinderschutz für die Übergänge spielt, war mir nicht von Anfang an ganz klar. Allerdings wurde mir schon bei der 2. Sitzung im Seminar deutlich, dass es eine Reihe an Übergängen gibt, die für den Kinderschutz relevant sind. So wurden Übergänge genannt, wie z.B. der Übergang von der Herkunftsfamilie in eine Einrichtung oder der Übergang in die Kita. Hier sollte den Schüler*innen, bewusstwerden, dass in Einrichtungen, in denen Kinder- und Jugendliche ihre Zeit verbringen, auch immer der Aspekt des Kinderschutzes mitgedacht werden muss. Der Kinderschutz ist immer in Verbindung mit der Entwicklung des Kindes, sodass es sich bei einer schlechten oder gefährdeten Entwicklung, um eine Kinderschutzgefährdung handelt. Angesichts der Übergänge in die Kita oder in anderen Einrichtungen, wird das Erziehungsverhalten der Familie deutlich sichtbar, worauf sich pädagogische Fachkräfte immer orientieren können. Dies hat mir nochmal verdeutlicht, einen Zusammenhang zwischen Kinderschutz und Übergängen herzustellen und zudem zu sehen, wie eine Kindeswohlgefährdung erkannt werden kann. Darüber hinaus bekam ich einen tieferen Einblick in die Thematik, die ich auf meinem zukünftigen Arbeitsweg mitnehmen werde.

Ganz am Beginn des Seminars haben wir uns vorerst darauf konzentriert, die Begriffe Kinderschutz, Kindeswohlgefährdung und Kindeswohl kennenzulernen. Für die Annäherung zu den jeweiligen Begriffen, hat die Dozentin drei große Plakate im Raum verteilt, auf denen jeweils ein Begriff als Überschrift stand. Die Schüler*innen sollten, ohne vorher recherchiert zu haben, Stichpunkte auf die Plakate schreiben, mit denen sie die drei Themen assoziieren. Diese Art von Aufgabe hat mir sehr gut gefallen, da ich einerseits meine Stichpunkte mit den anderen teilen konnte und andererseits die Beiträge der anderen Schüler*innen mitverfolgen durfte. Wir wurden nach dieser Aufgabe in drei Gruppen unterteilt, die sich jeweils mit einem dieser Begriffe auseinandersetzen sollten. Bei dieser Aufgabe ging es darum, einen Text zum jeweiligen Begriff zu lesen und dort die wichtigsten Punkte auf das Plakat zu schreiben. Meine Gruppe hat sich mit dem Begriff „Kindeswohl" auseinandergesetzt. Die Zusammenarbeit in der Gruppe war sehr hilfreich, da wir uns über das Thema sowie über den Text gemeinsam austauschen sowie die wichtigsten Stichpunkte sammeln konnten. Was mir eher weniger an der Gruppenarbeit gefiel, war die Anzahl der Schüler*innen in der Gruppe. Dadurch, dass die Anzahl der Schüler*innen in der Gruppe groß war, fühlte sich nicht jeder gezwungen bei der Aufgabe mitzuhelfen. Nichtsdestotrotz halfen wir uns am Schluss gegenseitig und entschieden uns somit das Plakat zusammen vorzutragen.

Nach dieser Gruppenarbeit und am Ende dieses Seminars mussten wir uns zu dritt in einer Gruppe zusammentun und uns überlegen, was uns unter dem Begriff „Familie" einfällt. Wir haben uns zu dritt kurz über Familie unterhalten und uns dann Stichwörter aufgeschrieben, die uns in Zusammenhang mit Familie einfallen. Wir haben Familie mit Geborgenheit, Sicherheit und Wichtigkeit assoziiert. Neben diesem Aspekt haben wir auch aufgeschrieben, dass es eine Reihe an unterschiedlichen Familien gibt, wie z.B. die Patchworkfamilie, die Queer-Familie und auch Familien, wo die Eltern alleinerziehend sind. Mit dieser Aufgabe sollten wir uns auf das nächste Seminar vorbereiten, welches sich mit dem Thema „Familienbilder und Familienleitbilder" auseinandersetzte. Ich empfand diese Unterhaltung in der Gruppe interessant, da ich erfahren konnte, wie unterschiedlich meine Kommilitoninnen über Familie und Familienbilder dachten.

In einer weiteren Sitzung ging es, um das Fallverstehen und die Einschätzung von Kindeswohlgefährdung. Ich bin mit einem großen Interesse in diese Sitzung gegangen, da ich es für wichtig hielt, zu sehen, wie man eine Kindeswohlgefährdung einschätzt und wie das Verfahren dazu aussieht. Wir haben gesehen, welche zwei Verfahren Sozialpädagogen*innen nutzen, um eine Kindeswohlgefährdung einzuschätzen. Somit lernten wir das dialogische Verfahren, also den Austausch mit der Familie, und das analytische Verfahren, dass mit einem Risikobogen ausgeführt wird, kennen. Zudem haben wir auch die Vorteile sowie Nachteile dieser beiden Verfahren aufgezählt. Dies hat mir überwiegend gezeigt, dass das dialogische Verfahren vorteilhafter ist und man bei einem offenen Leitfaden mehr über die Familie rausfindet. Später wurde die Klasse in zwei Gruppen eingeteilt, wo wir einen Fall veranschaulicht bekamen und zu diesem entweder ein Schema zum Ablauf von Kindeswohlgefährdung erstellen oder den staatlichen Auftrag zur Verhütung von Kindeswohlgefährdung in eigenen Worten zusammenfassen sollten. Meine Gruppe hatte sich mit dem Schema auseinandergesetzt, wir sollten dabei herausfinden welche Paragrafen an welcher Stelle eine Rolle spielten und welcher Schritt auf die nächsten folgte. Wir haben uns zusammen in der Gruppe die einzelnen Paragrafen angesehen, die uns die Dozentin ausgeteilt hatte und uns über diese ausgetauscht. Wir haben uns den Fall nochmal in Ruhe angeschaut und versucht die einzelnen Paragrafen mit dem Fall zu verknüpfen. Das Endresultat haben wir dann auf einem Plakat aufgeschrieben und am Ende wurde dieser auch vor der Klasse vorgestellt. Ich fand diese Gruppenarbeit sehr hilfreich, da dies uns vor allem gezeigt hat, welche Paragrafen von Bedeutung sind und wie bei einer Kindeswohlgefährdung vorgegangen werden kann. Außerdem fand ich es von Vorteil, dass wir dieses Schema zusammenstellen konnten und somit eine erste Erfahrung sammeln konnten.

In einem weiteren Seminar ging es, um das Thema „Kinderschutz und Emotionen". Ich habe mich sehr auf dieses Thema gefreut, da ich mich oft gefragt habe, wie Professionelle in schwierigen Situationen mit ihren Emotionen umgehen. Da ich später mal in der stationären Kinder- und Jugendhilfe arbeiten möchte, fand ich es extrem wichtig, mehr über dieses Thema zu erfahren. Ich hatte mich vor dem Seminar noch nie richtig mit den Emotionen im Zusammenhang mit dem Kinderschutz beschäftigt. Nach Schröder bettet sich die emotionale Arbeit professioneller Akteure in einem Gegensatz zwischen Hilfe und Kontrolle (Böwer & Kotthaus 2018, S. 406). Professionelle sind im Spannungsfeld zwischen ihren eigenen Emotionen und die Deutung fremder Gefühle. Zudem müssen sich Professionelle auch an die institutionellen Richtlinien sowie dem gesellschaftlich vorgegebenen Schutzauftrag orientieren. Neben diesem Aspekt habe ich auch dazu gelernt, dass es wichtig ist, sich als Fachkraft mit anderen Kollegen*innen in Teambesprechungen auszutauschen, um sich seinen eigenen Gefühlen bewusst zu werden und somit besser mit diesen umzugehen.

In einem weiteren Seminar hatten wir uns zum Thema „Kinderschutz und Emotionen" den Film „Lili" angesehen und sollten parallel dazu unseren Reflexionsbogen ausfüllen. Allerdings bezog sich dieses Mal der Reflexionsbogen auf den Film und wir hatten die Aufgabe, die Gefühle der Personen, die im Film vorkamen, aufzuschreiben. Auf dem Reflexionsblatt standen jeweils fünf Personen aus dem Film, auf dessen Gefühle wir achtgeben sollten und deren Emotionen wir, im Laufe des Films notieren sollten. Des Weiteren konnten wir, wenn wir dies auch wollten, unsere eigenen Gefühle hinschreiben. Diese Art von Aufgabe hat mir sehr gefallen, ich habe mich während des ganzen Films nur auf die Emotionen und Gefühle der Schauspieler fokussiert und mir jede Emotion, die ich erkennen konnte, aufgeschrieben. Durch das parallele Notieren von Gefühlen habe ich auf jedes Detail im Film achtgegeben und konnte mich somit besser konzentrieren. Nach dem Film hatten wir zusammen mit der Dozentin, die einzelnen Personen und ihre Gefühle analysiert und unsere Notizen mit den anderen Schüler*innen geteilt. Ich fand dies sehr interessant und hilfreich, da ich meine Notizen mit den anderen vergleichen konnte, und dadurch sehen konnte wie die anderen Schüler*innen die einzelnen Gefühle, während dem Film wahrgenommen hatten.

Zusammenfassend lässt sich feststellen, dass dieses Seminar alle meine Erwartungen erfüllt hat. Ich hatte während meiner Zeit an der Uni noch nie ein derartiges Seminar, wo die Sitzung so aktiv gestaltet wurde und wir viel in Gruppen gearbeitet haben. Meine Ziele waren vor allem mehr über den Kinderschutz insgesamt sowie über diesen im Zusammenhang mit Übergängen zu lernen. Dieses neue Wissen werde ich vor allem auf meinem Arbeitsweg mitnehmen, da ich, wie schon erwähnt, im Bereich der stationären Kinder- und Jugendhilfe arbeiten möchte und dort das Thema Übergänge und Kinderschutz von zentraler Bedeutung sind. Ich würde immer gerne an so einer

Veranstaltung teilnehmen, allerdings würde ich mich das nächste Mal besser vorbereiten und meine Ziele sowie Lernprozesse direkt nach der Sitzung aufschreiben.

4. Gesamtreflexion des Portfolios

Rückblickend auf die Vorlesung „Sozialpädagogik der Übergänge" von Dr. Weinhardt und dem dazu verknüpften Seminar „Übergänge im Kinderschutz" bei der Dozentin Carmilla Eder-Curelli, kann ich sagen, dass ich mein Wissen zum Thema reichlich vertieft habe. Ich wusste vor der Vorlesung nicht wirklich, was ich nun unter Übergängen verstehen sollte und wieso diese für die Sozialpädagogik so von Bedeutung sind. Allerdings hat mir die Vorlesung sowie das Seminar gezeigt, dass Übergänge eine wichtige Rolle für jeden Menschen spielen. Jeder Mensch muss im Leben eine Reihe an Übergängen bewältigen, allerdings sind manche eher leichter zu überwinden, wobei andere nur mit Hilfe und Unterstützung bewältigt werden können. Somit sind Übergänge im Laufe des Lebens, Ausgangspunkt für pädagogisches Handeln, sei es um einen bevorstehenden Übergang vorzubereiten, ihn zu begleiten oder diesen ggf. in Situationen des Scheiterns zu bewältigen.

Die Vorlesung von Dr. Weinhardt hat mir verdeutlicht, dass Übergänge während unserem Lebenslauf ständig bewältigt werden müssen, egal ob dies kleine oder größere Übergänge sind. Wir haben während der Vorlesung vier Lebensalter gesehen, wo Übergänge ständig durchlaufen werden müssen. So haben wir uns mit dem Lebensalter Kindheit, Jugend, Erwachsene und alte Menschen auseinandergesetzt und kennengelernt, welche Übergänge in welchem Lebensalter von Bedeutung sind.

Dadurch, dass ich mein Praktikum in der stationären Kinder- und Jugendhilfe gemacht habe und ich mich viel mit diesem Handlungsfeld auseinandergesetzt habe, habe ich, für meine Fallkonstituierung einen Careleaver dargestellt, der von seiner Wohngruppe ins Erwachsenensein übergeht. Allerdings habe ich mich dazu entschieden, diesen Fall mit einem schwierigen Übergang zu inszenieren, da es viele Careleaver gibt, die nicht ohne Hilfe ins eigenständige Leben übergehen können. Durch lange Recherchen und eigenes Wissen sowie Erfahrung, konnte ich erkennen, wie schwierig sich der Übergang eines Careleavers in die Selbstständigkeit gestalten lässt. Bei diesen ist der Übergang ins Erwachsensein durch wesentlich mehr Schwierigkeiten verbunden, als bei Jugendlichen, die zu Hause groß geworden sind. Einerseits können Careleaver nicht sehr lange nach ihrem 18. Geburtstag in der stationären Kinder- und Jugendhilfe wohnen bleiben und bekommen andererseits weniger Unterstützung als Jugendliche, die bei den Eltern weit über länger wohnen können und von diesen emotionale sowie materielle Unterstützung bekommen.

Die zweite Aufgabe entstand im Rahmen des Seminars „Sozialpädagogik der Übergänge – Übergänge im Kinderschutz" durchgeführt von Frau Eder-Curelli. Diese Aufgabe hat sich konkret auf die Reflexion meines Lernprozesses während des Seminars bezogen. Zugegebenermaßen hatte ich beim Verfassen dieser Aufgabe meine Schwierigkeiten, da ich während meiner Zeit an der Uni eher selten einen Lernprozess reflektieren musste und diesen zudem auch schriftlich begründen sollte. Nichtsdestoweniger fand ich diese Art von Aufgabe sehr hilfreich, da ich mich wieder an die einzelnen Termine und ihre Themen wiedererinnert konnte und mich zudem wieder mal intensiver mit den Themen auseinandersetzen konnte. Bei dieser Aufgabe haben mir insbesondere meine Notizen, die Reflexionsbögen sowie die Anwesenheit im Seminar weitergeholfen. Allerdings würde ich beim nächsten Mal nach jeder Sitzung meinen Lernprozess reflektieren, damit ich beim Schreiben schneller vorankomme und somit auch besser ins Detail gehen kann.

Beim Verfassen dieser Aufgabe habe ich zunächst all meine Notizen des Seminars gesammelt und sie gründlich durchgelesen. Ich habe versucht, mich an die Sitzungen zurückzuerinnern und meine Erinnerungen in Stichwörtern aufzuschreiben. Ich habe immer aufgeschrieben, um was es in der Sitzung ging und wie die Dozentin die Sitzung organisiert hatte. Da wir öfters in Gruppen arbeiten mussten, habe ich meine Kommilitonen*innen bei Schwierigkeiten um Rat gebeten, aber auch bei Fragen ausgeholfen. Zusammenfassend lässt sich feststellen, dass sich diese Art von Aufgabe positiv auf mich ausgewirkt hat, da sie mir geholfen hat, mich selbst als Lerner besser kennenzulernen und somit zu prüfen, wie gut ich die Inhalte tatsächlich verstanden habe. Ich werde mich auf jeden Fall mehr mit Selbstreflexion beschäftigen, da dies nicht nur für einen selbst vorteilhaft sein kann, sondern auch im Zusammenhang mit meinem zukünftigen Arbeitswunsch in der Kinder- und Jugendhilfe wichtig ist.

An dieser Stelle kann ich die Portfolioprüfung als erfolgreich bezeichnen, da ich durch diese nicht nur die Möglichkeit hatte einen Fall zu konstituieren und diesen unter der multiperspektivischen Fallarbeit nach Burkhardt Müller zu analysieren. Außerdem konnte ich durch die Reflexion meines Lernprozesses, mein Wissen prüfen sowie mich selbst als Studierende kennenlernen.

5. Literaturverzeichnis

Müller, B. (2017). *Sozialpädagogisches Können: Ein Lehrbuch zur multiperspektivischen Fallarbeit* (8., aktualisiert und erweitert Aufl.). Lambertus.

Böwer, M. & Kotthaus, J. (2018). *Praxisbuch Kinderschutz: Professionelle Herausforderungen bewältigen* (1. Aufl.). Beltz Juventa.